Date	Time	Location

Home Team _____ Coach _____

1st Half Fouls: ☐☐☐☐☐☐☐☐☐☐☐ Full Timeouts: ☐☐☐

2nd Half Fouls: ☐☐☐☐☐☐☐☐☐☐☐ 30 Sec. Timeouts: ☐☐

No.	Name	Fouls	1st	2nd	3rd	4th	OT	Tot
	Totals							

Notes

1		38		75	
2		39		76	
3		40		77	
4		41		78	
5		42		79	
6		43		80	
7		44		81	
8		45		82	
9		46		83	
10		47		84	
11		48		85	
12		49		86	
13		50		87	
14		51		88	
15		52		89	
16		53		90	
17		54		91	
18		55		92	
19		56		93	
20		57		94	
21		58		95	
22		59		96	
23		60		97	
24		61		98	
25		62		99	
26		63		100	
27		64		101	
28		65		102	
29		66		103	
30		67		104	
31		68		105	
32		69		106	
33		70		107	
34		71		108	
35		72		109	
36		73		110	
37		74		111	

Technicals

Referee	Scorer	Timekeeper

Away Team _____ Coach _____

1st Half Fouls: ⬚⬚⬚⬚⬚⬚⬚⬚⬚⬚ Full Timeouts: ⬚⬚⬚

2nd Half Fouls: ⬚⬚⬚⬚⬚⬚⬚⬚⬚ 30 Sec. Timeouts: ⬚⬚

No.	Name	Fouls	1st	2nd	3rd	4th	OT	Tot							
										1		38		75	
										2		39		76	
										3		40		77	
										4		41		78	
										5		42		79	
										6		43		80	
										7		44		81	
										8		45		82	
										9		46		83	
										10		47		84	
										11		48		85	
										12		49		86	
										13		50		87	
										14		51		88	
										15		52		89	
										16		53		90	
										17		54		91	
										18		55		92	
										19		56		93	
										20		57		94	
										21		58		95	
										22		59		96	
										23		60		97	
										24		61		98	
										25		62		99	
										26		63		100	
										27		64		101	
										28		65		102	
										29		66		103	
										30		67		104	
										31		68		105	
										32		69		106	
										33		70		107	
Totals										34		71		108	
										35		72		109	
Notes										36		73		110	
										37		74		111	

Technicals

Date		Time		Location	

Home Team _____ Coach _____

1st Half Fouls: ☐☐☐☐☐☐☐☐☐☐☐☐☐   Full Timeouts: ☐☐☐

2nd Half Fouls: ☐☐☐☐☐☐☐☐☐☐☐   30 Sec. Timeouts: ☐☐

No.	Name	Fouls	1st	2nd	3rd	4th	OT	Tot
	Totals							

1		38		75	
2		39		76	
3		40		77	
4		41		78	
5		42		79	
6		43		80	
7		44		81	
8		45		82	
9		46		83	
10		47		84	
11		48		85	
12		49		86	
13		50		87	
14		51		88	
15		52		89	
16		53		90	
17		54		91	
18		55		92	
19		56		93	
20		57		94	
21		58		95	
22		59		96	
23		60		97	
24		61		98	
25		62		99	
26		63		100	
27		64		101	
28		65		102	
29		66		103	
30		67		104	
31		68		105	
32		69		106	
33		70		107	
34		71		108	
35		72		109	
36		73		110	
37		74		111	

Notes

Technicals

Referee	Scorer	Timekeeper

Away Team _____ Coach _____

1st Half Fouls: ☐☐☐☐☐☐☐☐☐☐ Full Timeouts: ☐☐☐

2nd Half Fouls: ☐☐☐☐☐☐☐☐☐ 30 Sec. Timeouts: ☐☐

No.	Name					Fouls	1st	2nd	3rd	4th	OT	Tot
	Totals											

Notes

1		38		75
2		39		76
3		40		77
4		41		78
5		42		79
6		43		80
7		44		81
8		45		82
9		46		83
10		47		84
11		48		85
12		49		86
13		50		87
14		51		88
15		52		89
16		53		90
17		54		91
18		55		92
19		56		93
20		57		94
21		58		95
22		59		96
23		60		97
24		61		98
25		62		99
26		63		100
27		64		101
28		65		102
29		66		103
30		67		104
31		68		105
32		69		106
33		70		107
34		71		108
35		72		109
36		73		110
37		74		111

Technicals

Date	Time	Location

Home Team _____ Coach _____

1st Half Fouls: ☐☐☐☐☐☐☐☐☐☐☐

2nd Half Fouls: ☐☐☐☐☐☐☐☐☐☐☐

Full Timeouts: ☐☐☐

30 Sec. Timeouts: ☐☐

No.	Name	Fouls	1st	2nd	3rd	4th	OT	Tot
	Totals							

Notes

	1		38		75
	2		39		76
	3		40		77
	4		41		78
	5		42		79
	6		43		80
	7		44		81
	8		45		82
	9		46		83
	10		47		84
	11		48		85
	12		49		86
	13		50		87
	14		51		88
	15		52		89
	16		53		90
	17		54		91
	18		55		92
	19		56		93
	20		57		94
	21		58		95
	22		59		96
	23		60		97
	24		61		98
	25		62		99
	26		63		100
	27		64		101
	28		65		102
	29		66		103
	30		67		104
	31		68		105
	32		69		106
	33		70		107
	34		71		108
	35		72		109
	36		73		110
	37		74		111

Technicals

Referee _____	Scorer _____	Timekeeper _____

Away Team _____ Coach _____

1st Half Fouls: ☐☐☐☐☐☐☐☐☐☐   Full Timeouts: ☐☐☐

2nd Half Fouls: ☐☐☐☐☐☐☐☐☐☐   30 Sec. Timeouts: ☐☐

No.	Name	Fouls	1st	2nd	3rd	4th	OT	Tot
	Totals							

Notes

1		38		75
2		39		76
3		40		77
4		41		78
5		42		79
6		43		80
7		44		81
8		45		82
9		46		83
10		47		84
11		48		85
12		49		86
13		50		87
14		51		88
15		52		89
16		53		90
17		54		91
18		55		92
19		56		93
20		57		94
21		58		95
22		59		96
23		60		97
24		61		98
25		62		99
26		63		100
27		64		101
28		65		102
29		66		103
30		67		104
31		68		105
32		69		106
33		70		107
34		71		108
35		72		109
36		73		110
37		74		111

Technicals

Date		Time		Location	

Home Team _____ Coach _____

1st Half Fouls: ☐☐☐☐☐☐☐☐☐☐ Full Timeouts: ☐☐☐

2nd Half Fouls: ☐☐☐☐☐☐☐☐☐☐ 30 Sec. Timeouts: ☐☐

No.	Name	Fouls	1st	2nd	3rd	4th	OT	Tot
	Totals							

Notes

1		38		75	
2		39		76	
3		40		77	
4		41		78	
5		42		79	
6		43		80	
7		44		81	
8		45		82	
9		46		83	
10		47		84	
11		48		85	
12		49		86	
13		50		87	
14		51		88	
15		52		89	
16		53		90	
17		54		91	
18		55		92	
19		56		93	
20		57		94	
21		58		95	
22		59		96	
23		60		97	
24		61		98	
25		62		99	
26		63		100	
27		64		101	
28		65		102	
29		66		103	
30		67		104	
31		68		105	
32		69		106	
33		70		107	
34		71		108	
35		72		109	
36		73		110	
37		74		111	

Technicals

| Referee | Scorer | Timekeeper |

Away Team _____ Coach _____

1st Half Fouls: | | | | | | | | | | | Full Timeouts: | | |

2nd Half Fouls: | | | | | | | | | | | 30 Sec. Timeouts: | |

No.	Name	Fouls	1st	2nd	3rd	4th	OT	Tot
		Totals						

Notes

1		38		75	
2		39		76	
3		40		77	
4		41		78	
5		42		79	
6		43		80	
7		44		81	
8		45		82	
9		46		83	
10		47		84	
11		48		85	
12		49		86	
13		50		87	
14		51		88	
15		52		89	
16		53		90	
17		54		91	
18		55		92	
19		56		93	
20		57		94	
21		58		95	
22		59		96	
23		60		97	
24		61		98	
25		62		99	
26		63		100	
27		64		101	
28		65		102	
29		66		103	
30		67		104	
31		68		105	
32		69		106	
33		70		107	
34		71		108	
35		72		109	
36		73		110	
37		74		111	

Technicals

Date		Time		Location	

Home Team _____ Coach _____

1st Half Fouls: ☐☐☐☐☐☐☐☐☐☐   Full Timeouts: ☐☐☐

2nd Half Fouls: ☐☐☐☐☐☐☐☐☐☐   30 Sec. Timeouts: ☐☐

No.	Name	Fouls	1st	2nd	3rd	4th	OT	Tot
	Totals							

Notes

1		38		75	
2		39		76	
3		40		77	
4		41		78	
5		42		79	
6		43		80	
7		44		81	
8		45		82	
9		46		83	
10		47		84	
11		48		85	
12		49		86	
13		50		87	
14		51		88	
15		52		89	
16		53		90	
17		54		91	
18		55		92	
19		56		93	
20		57		94	
21		58		95	
22		59		96	
23		60		97	
24		61		98	
25		62		99	
26		63		100	
27		64		101	
28		65		102	
29		66		103	
30		67		104	
31		68		105	
32		69		106	
33		70		107	
34		71		108	
35		72		109	
36		73		110	
37		74		111	

Technicals

Referee	Scorer	Timekeeper

Away Team _____   Coach _____

1st Half Fouls: | | | | | | | | | | | Full Timeouts: | | | |

2nd Half Fouls: | | | | | | | | | | 30 Sec. Timeouts: | | |

No.	Name	Fouls					1st	2nd	3rd	4th	OT	Tot
	Totals											

Notes

1		38		75	
2		39		76	
3		40		77	
4		41		78	
5		42		79	
6		43		80	
7		44		81	
8		45		82	
9		46		83	
10		47		84	
11		48		85	
12		49		86	
13		50		87	
14		51		88	
15		52		89	
16		53		90	
17		54		91	
18		55		92	
19		56		93	
20		57		94	
21		58		95	
22		59		96	
23		60		97	
24		61		98	
25		62		99	
26		63		100	
27		64		101	
28		65		102	
29		66		103	
30		67		104	
31		68		105	
32		69		106	
33		70		107	
34		71		108	
35		72		109	
36		73		110	
37		74		111	

Technicals

Date _____ Time _____ Location _____

Home Team _____ Coach _____

1st Half Fouls: | | | | | | | | | | | Full Timeouts: | | | |

2nd Half Fouls: | | | | | | | | | | | 30 Sec. Timeouts: | | |

No.	Name	Fouls	1st	2nd	3rd	4th	OT	Tot
	Totals							

1		38		75	
2		39		76	
3		40		77	
4		41		78	
5		42		79	
6		43		80	
7		44		81	
8		45		82	
9		46		83	
10		47		84	
11		48		85	
12		49		86	
13		50		87	
14		51		88	
15		52		89	
16		53		90	
17		54		91	
18		55		92	
19		56		93	
20		57		94	
21		58		95	
22		59		96	
23		60		97	
24		61		98	
25		62		99	
26		63		100	
27		64		101	
28		65		102	
29		66		103	
30		67		104	
31		68		105	
32		69		106	
33		70		107	
34		71		108	
35		72		109	
36		73		110	
37		74		111	

Technicals

Notes

Referee _____ Scorer _____ Timekeeper _____

Away Team _____ Coach _____

1st Half Fouls: ☐☐☐☐☐☐☐☐☐☐☐☐ Full Timeouts: ☐☐☐

2nd Half Fouls: ☐☐☐☐☐☐☐☐☐☐☐ 30 Sec. Timeouts: ☐☐

No.	Name	Fouls	1st	2nd	3rd	4th	OT	Tot
	Totals							

Notes

1		38		75
2		39		76
3		40		77
4		41		78
5		42		79
6		43		80
7		44		81
8		45		82
9		46		83
10		47		84
11		48		85
12		49		86
13		50		87
14		51		88
15		52		89
16		53		90
17		54		91
18		55		92
19		56		93
20		57		94
21		58		95
22		59		96
23		60		97
24		61		98
25		62		99
26		63		100
27		64		101
28		65		102
29		66		103
30		67		104
31		68		105
32		69		106
33		70		107
34		71		108
35		72		109
36		73		110
37		74		111

Technicals

Date		Time		Location	

Home Team _____ Coach _____

1st Half Fouls: ⬜⬜⬜⬜⬜⬜⬜⬜⬜⬜   Full Timeouts: ⬜⬜⬜

2nd Half Fouls: ⬜⬜⬜⬜⬜⬜⬜⬜⬜⬜   30 Sec. Timeouts: ⬜⬜

No.	Name	Fouls						1st	2nd	3rd	4th	OT	Tot
	Totals												

1		38		75
2		39		76
3		40		77
4		41		78
5		42		79
6		43		80
7		44		81
8		45		82
9		46		83
10		47		84
11		48		85
12		49		86
13		50		87
14		51		88
15		52		89
16		53		90
17		54		91
18		55		92
19		56		93
20		57		94
21		58		95
22		59		96
23		60		97
24		61		98
25		62		99
26		63		100
27		64		101
28		65		102
29		66		103
30		67		104
31		68		105
32		69		106
33		70		107
34		71		108
35		72		109
36		73		110
37		74		111

Technicals

Notes

Referee _____ Scorer _____ Timekeeper _____

Away Team _____ Coach _____

1st Half Fouls: ⬚⬚⬚⬚⬚⬚⬚⬚⬚⬚   Full Timeouts: ⬚⬚⬚

2nd Half Fouls: ⬚⬚⬚⬚⬚⬚⬚⬚⬚⬚   30 Sec. Timeouts: ⬚⬚

No.	Name	Fouls	1st	2nd	3rd	4th	OT	Tot
	Totals							

Notes

1		38		75	
2		39		76	
3		40		77	
4		41		78	
5		42		79	
6		43		80	
7		44		81	
8		45		82	
9		46		83	
10		47		84	
11		48		85	
12		49		86	
13		50		87	
14		51		88	
15		52		89	
16		53		90	
17		54		91	
18		55		92	
19		56		93	
20		57		94	
21		58		95	
22		59		96	
23		60		97	
24		61		98	
25		62		99	
26		63		100	
27		64		101	
28		65		102	
29		66		103	
30		67		104	
31		68		105	
32		69		106	
33		70		107	
34		71		108	
35		72		109	
36		73		110	
37		74		111	

Technicals

Date	Time	Location

Home Team _____ Coach _____

1st Half Fouls: ☐☐☐☐☐☐☐☐☐☐ Full Timeouts: ☐☐☐

2nd Half Fouls: ☐☐☐☐☐☐☐☐☐☐ 30 Sec. Timeouts: ☐☐

No.	Name	Fouls	1st	2nd	3rd	4th	OT	Tot
	Totals							

Notes

1		38		75
2		39		76
3		40		77
4		41		78
5		42		79
6		43		80
7		44		81
8		45		82
9		46		83
10		47		84
11		48		85
12		49		86
13		50		87
14		51		88
15		52		89
16		53		90
17		54		91
18		55		92
19		56		93
20		57		94
21		58		95
22		59		96
23		60		97
24		61		98
25		62		99
26		63		100
27		64		101
28		65		102
29		66		103
30		67		104
31		68		105
32		69		106
33		70		107
34		71		108
35		72		109
36		73		110
37		74		111

Technicals

Referee _____ Scorer _____ Timekeeper _____

Away Team _____ Coach _____

1st Half Fouls: | | | | | | | | | | Full Timeouts: | | |

2nd Half Fouls: | | | | | | | | | | 30 Sec. Timeouts: | |

No.	Name	Fouls							1st	2nd	3rd	4th	OT	Tot
	Totals													

Notes

	1		38		75
	2		39		76
	3		40		77
	4		41		78
	5		42		79
	6		43		80
	7		44		81
	8		45		82
	9		46		83
	10		47		84
	11		48		85
	12		49		86
	13		50		87
	14		51		88
	15		52		89
	16		53		90
	17		54		91
	18		55		92
	19		56		93
	20		57		94
	21		58		95
	22		59		96
	23		60		97
	24		61		98
	25		62		99
	26		63		100
	27		64		101
	28		65		102
	29		66		103
	30		67		104
	31		68		105
	32		69		106
	33		70		107
	34		71		108
	35		72		109
	36		73		110
	37		74		111

Technicals

Date		Time		Location	

Home Team _____ Coach _____

1st Half Fouls: | | | | | | | | | | | | Full Timeouts: | | | |

2nd Half Fouls: | | | | | | | | | | | 30 Sec. Timeouts: | | |

No.	Name	Fouls	1st	2nd	3rd	4th	OT	Tot
	Totals							

Notes

1		38		75	
2		39		76	
3		40		77	
4		41		78	
5		42		79	
6		43		80	
7		44		81	
8		45		82	
9		46		83	
10		47		84	
11		48		85	
12		49		86	
13		50		87	
14		51		88	
15		52		89	
16		53		90	
17		54		91	
18		55		92	
19		56		93	
20		57		94	
21		58		95	
22		59		96	
23		60		97	
24		61		98	
25		62		99	
26		63		100	
27		64		101	
28		65		102	
29		66		103	
30		67		104	
31		68		105	
32		69		106	
33		70		107	
34		71		108	
35		72		109	
36		73		110	
37		74		111	

Technicals

Referee	Scorer	Timekeeper

Away Team _____ Coach _____

1st Half Fouls: ☐☐☐☐☐☐☐☐☐☐☐   Full Timeouts: ☐☐☐

2nd Half Fouls: ☐☐☐☐☐☐☐☐☐☐☐   30 Sec. Timeouts: ☐☐

No.	Name	Fouls					1st	2nd	3rd	4th	OT	Tot
	Totals											

1		38		75	
2		39		76	
3		40		77	
4		41		78	
5		42		79	
6		43		80	
7		44		81	
8		45		82	
9		46		83	
10		47		84	
11		48		85	
12		49		86	
13		50		87	
14		51		88	
15		52		89	
16		53		90	
17		54		91	
18		55		92	
19		56		93	
20		57		94	
21		58		95	
22		59		96	
23		60		97	
24		61		98	
25		62		99	
26		63		100	
27		64		101	
28		65		102	
29		66		103	
30		67		104	
31		68		105	
32		69		106	
33		70		107	
34		71		108	
35		72		109	
36		73		110	
37		74		111	

Notes

Technicals

Date _____ Time _____ Location _____

Home Team _____ Coach _____

1st Half Fouls: ☐☐☐☐☐☐☐☐☐☐☐

2nd Half Fouls: ☐☐☐☐☐☐☐☐☐☐☐

Full Timeouts: ☐☐☐

30 Sec. Timeouts: ☐☐

No.	Name	Fouls	1st	2nd	3rd	4th	OT	Tot
	Totals							

1		38		75	
2		39		76	
3		40		77	
4		41		78	
5		42		79	
6		43		80	
7		44		81	
8		45		82	
9		46		83	
10		47		84	
11		48		85	
12		49		86	
13		50		87	
14		51		88	
15		52		89	
16		53		90	
17		54		91	
18		55		92	
19		56		93	
20		57		94	
21		58		95	
22		59		96	
23		60		97	
24		61		98	
25		62		99	
26		63		100	
27		64		101	
28		65		102	
29		66		103	
30		67		104	
31		68		105	
32		69		106	
33		70		107	
34		71		108	
35		72		109	
36		73		110	
37		74		111	

Notes

Technicals

Referee	Scorer	Timekeeper

Away Team _____   Coach _____

1st Half Fouls: □□□□□□□□□□   Full Timeouts: □□

2nd Half Fouls: □□□□□□□□□□   30 Sec. Timeouts: □

No.	Name	Fouls	1st	2nd	3rd	4th	OT	Tot
	Totals							

Notes

	1	38	75
	2	39	76
	3	40	77
	4	41	78
	5	42	79
	6	43	80
	7	44	81
	8	45	82
	9	46	83
	10	47	84
	11	48	85
	12	49	86
	13	50	87
	14	51	88
	15	52	89
	16	53	90
	17	54	91
	18	55	92
	19	56	93
	20	57	94
	21	58	95
	22	59	96
	23	60	97
	24	61	98
	25	62	99
	26	63	100
	27	64	101
	28	65	102
	29	66	103
	30	67	104
	31	68	105
	32	69	106
	33	70	107
	34	71	108
	35	72	109
	36	73	110
	37	74	111

Technicals

Date _____ Time _____ Location _____

Home Team _____ Coach _____

1st Half Fouls: ☐☐☐☐☐☐☐☐☐☐☐☐ Full Timeouts: ☐☐☐

2nd Half Fouls: ☐☐☐☐☐☐☐☐☐☐☐☐ 30 Sec. Timeouts: ☐☐

No.	Name	Fouls	1st	2nd	3rd	4th	OT	Tot
	Totals							

1		38		75	
2		39		76	
3		40		77	
4		41		78	
5		42		79	
6		43		80	
7		44		81	
8		45		82	
9		46		83	
10		47		84	
11		48		85	
12		49		86	
13		50		87	
14		51		88	
15		52		89	
16		53		90	
17		54		91	
18		55		92	
19		56		93	
20		57		94	
21		58		95	
22		59		96	
23		60		97	
24		61		98	
25		62		99	
26		63		100	
27		64		101	
28		65		102	
29		66		103	
30		67		104	
31		68		105	
32		69		106	
33		70		107	
34		71		108	
35		72		109	
36		73		110	
37		74		111	

Technicals

Notes

Referee		Scorer		Timekeeper	

Away Team _____ Coach _____

1st Half Fouls: | | | | | | | | | | Full Timeouts: | | | |

2nd Half Fouls: | | | | | | | | | | 30 Sec. Timeouts: | | |

No.	Name	Fouls	1st	2nd	3rd	4th	OT	Tot
	Totals							

Notes

1		38		75
2		39		76
3		40		77
4		41		78
5		42		79
6		43		80
7		44		81
8		45		82
9		46		83
10		47		84
11		48		85
12		49		86
13		50		87
14		51		88
15		52		89
16		53		90
17		54		91
18		55		92
19		56		93
20		57		94
21		58		95
22		59		96
23		60		97
24		61		98
25		62		99
26		63		100
27		64		101
28		65		102
29		66		103
30		67		104
31		68		105
32		69		106
33		70		107
34		71		108
35		72		109
36		73		110
37		74		111

Technicals

Date _____ Time _____ Location _____

Home Team _____ Coach _____

1st Half Fouls: | | | | | | | | | | | Full Timeouts: | | |

2nd Half Fouls: | | | | | | | | | | | 30 Sec. Timeouts: | |

No.	Name	Fouls	1st	2nd	3rd	4th	OT	Tot
	Totals							

Notes

1		38		75	
2		39		76	
3		40		77	
4		41		78	
5		42		79	
6		43		80	
7		44		81	
8		45		82	
9		46		83	
10		47		84	
11		48		85	
12		49		86	
13		50		87	
14		51		88	
15		52		89	
16		53		90	
17		54		91	
18		55		92	
19		56		93	
20		57		94	
21		58		95	
22		59		96	
23		60		97	
24		61		98	
25		62		99	
26		63		100	
27		64		101	
28		65		102	
29		66		103	
30		67		104	
31		68		105	
32		69		106	
33		70		107	
34		71		108	
35		72		109	
36		73		110	
37		74		111	

Technicals

Referee _____   Scorer _____   Timekeeper _____

Away Team _____   Coach _____

1st Half Fouls: ☐☐☐☐☐☐☐☐☐☐   Full Timeouts: ☐☐☐

2nd Half Fouls: ☐☐☐☐☐☐☐☐☐☐   30 Sec. Timeouts: ☐☐

No.	Name	Fouls					1st	2nd	3rd	4th	OT	Tot
	Totals											

	1		38		75
	2		39		76
	3		40		77
	4		41		78
	5		42		79
	6		43		80
	7		44		81
	8		45		82
	9		46		83
	10		47		84
	11		48		85
	12		49		86
	13		50		87
	14		51		88
	15		52		89
	16		53		90
	17		54		91
	18		55		92
	19		56		93
	20		57		94
	21		58		95
	22		59		96
	23		60		97
	24		61		98
	25		62		99
	26		63		100
	27		64		101
	28		65		102
	29		66		103
	30		67		104
	31		68		105
	32		69		106
	33		70		107
	34		71		108
	35		72		109
	36		73		110
	37		74		111

Technicals

Notes

Date		Time		Location	

Home Team _____ Coach _____

1st Half Fouls: ☐☐☐☐☐☐☐☐☐☐☐   Full Timeouts: ☐☐☐

2nd Half Fouls: ☐☐☐☐☐☐☐☐☐☐☐   30 Sec. Timeouts: ☐☐

No.	Name	Fouls	1st	2nd	3rd	4th	OT	Tot
	Totals							

Notes

1		38		75	
2		39		76	
3		40		77	
4		41		78	
5		42		79	
6		43		80	
7		44		81	
8		45		82	
9		46		83	
10		47		84	
11		48		85	
12		49		86	
13		50		87	
14		51		88	
15		52		89	
16		53		90	
17		54		91	
18		55		92	
19		56		93	
20		57		94	
21		58		95	
22		59		96	
23		60		97	
24		61		98	
25		62		99	
26		63		100	
27		64		101	
28		65		102	
29		66		103	
30		67		104	
31		68		105	
32		69		106	
33		70		107	
34		71		108	
35		72		109	
36		73		110	
37		74		111	

Technicals

Referee _____ Scorer _____ Timekeeper _____

Away Team _____ Coach _____

1st Half Fouls: | | | | | | | | | | | Full Timeouts: | | | |

2nd Half Fouls: | | | | | | | | | | 30 Sec. Timeouts: | | |

No.	Name	Fouls	1st	2nd	3rd	4th	OT	Tot
Totals								

1		38		75	
2		39		76	
3		40		77	
4		41		78	
5		42		79	
6		43		80	
7		44		81	
8		45		82	
9		46		83	
10		47		84	
11		48		85	
12		49		86	
13		50		87	
14		51		88	
15		52		89	
16		53		90	
17		54		91	
18		55		92	
19		56		93	
20		57		94	
21		58		95	
22		59		96	
23		60		97	
24		61		98	
25		62		99	
26		63		100	
27		64		101	
28		65		102	
29		66		103	
30		67		104	
31		68		105	
32		69		106	
33		70		107	
34		71		108	
35		72		109	
36		73		110	
37		74		111	

Notes

Technicals

Date		Time		Location	

Home Team _____ Coach _____

1st Half Fouls: ☐☐☐☐☐☐☐☐☐☐☐☐ Full Timeouts: ☐☐☐

2nd Half Fouls: ☐☐☐☐☐☐☐☐☐☐☐☐ 30 Sec. Timeouts: ☐☐

No.	Name	Fouls	1st	2nd	3rd	4th	OT	Tot
	Totals							

Notes

1		38		75	
2		39		76	
3		40		77	
4		41		78	
5		42		79	
6		43		80	
7		44		81	
8		45		82	
9		46		83	
10		47		84	
11		48		85	
12		49		86	
13		50		87	
14		51		88	
15		52		89	
16		53		90	
17		54		91	
18		55		92	
19		56		93	
20		57		94	
21		58		95	
22		59		96	
23		60		97	
24		61		98	
25		62		99	
26		63		100	
27		64		101	
28		65		102	
29		66		103	
30		67		104	
31		68		105	
32		69		106	
33		70		107	
34		71		108	
35		72		109	
36		73		110	
37		74		111	

Technicals

Referee _____ Scorer _____ Timekeeper _____

Away Team _____ Coach _____

1st Half Fouls: | | | | | | | | | | | Full Timeouts: | | | |

2nd Half Fouls: | | | | | | | | | | 30 Sec. Timeouts: | | |

No.	Name				Fouls				1st	2nd	3rd	4th	OT	Tot
	Totals													

Notes

1		38		75
2		39		76
3		40		77
4		41		78
5		42		79
6		43		80
7		44		81
8		45		82
9		46		83
10		47		84
11		48		85
12		49		86
13		50		87
14		51		88
15		52		89
16		53		90
17		54		91
18		55		92
19		56		93
20		57		94
21		58		95
22		59		96
23		60		97
24		61		98
25		62		99
26		63		100
27		64		101
28		65		102
29		66		103
30		67		104
31		68		105
32		69		106
33		70		107
34		71		108
35		72		109
36		73		110
37		74		111

Technicals

Date		Time		Location	

Home Team _____ Coach _____

1st Half Fouls: ☐☐☐☐☐☐☐☐☐☐ Full Timeouts: ☐☐☐

2nd Half Fouls: ☐☐☐☐☐☐☐☐☐☐ 30 Sec. Timeouts: ☐☐

No.	Name	Fouls	1st	2nd	3rd	4th	OT	Tot
	Totals							

1		38		75	
2		39		76	
3		40		77	
4		41		78	
5		42		79	
6		43		80	
7		44		81	
8		45		82	
9		46		83	
10		47		84	
11		48		85	
12		49		86	
13		50		87	
14		51		88	
15		52		89	
16		53		90	
17		54		91	
18		55		92	
19		56		93	
20		57		94	
21		58		95	
22		59		96	
23		60		97	
24		61		98	
25		62		99	
26		63		100	
27		64		101	
28		65		102	
29		66		103	
30		67		104	
31		68		105	
32		69		106	
33		70		107	
34		71		108	
35		72		109	
36		73		110	
37		74		111	

Technicals

Notes

Referee		Scorer		Timekeeper	

Away Team _____ Coach _____

1st Half Fouls: | | | | | | | | | | Full Timeouts: | | |

2nd Half Fouls: | | | | | | | | | | 30 Sec. Timeouts: | |

No.	Name	Fouls	1st	2nd	3rd	4th	OT	Tot
	Totals							

Notes

	1		38		75
	2		39		76
	3		40		77
	4		41		78
	5		42		79
	6		43		80
	7		44		81
	8		45		82
	9		46		83
	10		47		84
	11		48		85
	12		49		86
	13		50		87
	14		51		88
	15		52		89
	16		53		90
	17		54		91
	18		55		92
	19		56		93
	20		57		94
	21		58		95
	22		59		96
	23		60		97
	24		61		98
	25		62		99
	26		63		100
	27		64		101
	28		65		102
	29		66		103
	30		67		104
	31		68		105
	32		69		106
	33		70		107
	34		71		108
	35		72		109
	36		73		110
	37		74		111

Technicals

| Date | | Time | | Location | |

Home Team _____ Coach _____

1st Half Fouls: ☐☐☐☐☐☐☐☐☐☐ Full Timeouts: ☐☐☐

2nd Half Fouls: ☐☐☐☐☐☐☐☐☐☐ 30 Sec. Timeouts: ☐☐

No.	Name	Fouls	1st	2nd	3rd	4th	OT	Tot
	Totals							

Notes

1		38		75
2		39		76
3		40		77
4		41		78
5		42		79
6		43		80
7		44		81
8		45		82
9		46		83
10		47		84
11		48		85
12		49		86
13		50		87
14		51		88
15		52		89
16		53		90
17		54		91
18		55		92
19		56		93
20		57		94
21		58		95
22		59		96
23		60		97
24		61		98
25		62		99
26		63		100
27		64		101
28		65		102
29		66		103
30		67		104
31		68		105
32		69		106
33		70		107
34		71		108
35		72		109
36		73		110
37		74		111

Technicals

Referee		Scorer		Timekeeper	

Away Team _____ Coach _____

1st Half Fouls: | | | | | | | | | | Full Timeouts: | | |

2nd Half Fouls: | | | | | | | | | | 30 Sec. Timeouts: | |

No.	Name		Fouls		1st	2nd	3rd	4th	OT	Tot
	Totals									

	1		38		75
	2		39		76
	3		40		77
	4		41		78
	5		42		79
	6		43		80
	7		44		81
	8		45		82
	9		46		83
	10		47		84
	11		48		85
	12		49		86
	13		50		87
	14		51		88
	15		52		89
	16		53		90
	17		54		91
	18		55		92
	19		56		93
	20		57		94
	21		58		95
	22		59		96
	23		60		97
	24		61		98
	25		62		99
	26		63		100
	27		64		101
	28		65		102
	29		66		103
	30		67		104
	31		68		105
	32		69		106
	33		70		107
	34		71		108
	35		72		109
	36		73		110
	37		74		111

Technicals

Notes

Date _____ Time _____ Location _____

Home Team _____ Coach _____

1st Half Fouls: ☐☐☐☐☐☐☐☐☐☐ Full Timeouts: ☐☐☐

2nd Half Fouls: ☐☐☐☐☐☐☐☐☐☐ 30 Sec. Timeouts: ☐☐

No.	Name	Fouls	1st	2nd	3rd	4th	OT	Tot						
									1		38		75	
									2		39		76	
									3		40		77	
									4		41		78	
									5		42		79	
									6		43		80	
									7		44		81	
									8		45		82	
									9		46		83	
									10		47		84	
									11		48		85	
									12		49		86	
									13		50		87	
									14		51		88	
									15		52		89	
									16		53		90	
									17		54		91	
									18		55		92	
									19		56		93	
									20		57		94	
									21		58		95	
									22		59		96	
									23		60		97	
									24		61		98	
									25		62		99	
									26		63		100	
									27		64		101	
									28		65		102	
									29		66		103	
									30		67		104	
									31		68		105	
									32		69		106	
									33		70		107	
									34		71		108	
									35		72		109	
	Totals								36		73		110	
									37		74		111	

Notes

Technicals

Referee	Scorer	Timekeeper

Away Team _____ Coach _____

1st Half Fouls: ☐☐☐☐☐☐☐☐☐☐   Full Timeouts: ☐☐☐

2nd Half Fouls: ☐☐☐☐☐☐☐☐☐☐   30 Sec. Timeouts: ☐☐

No.	Name	Fouls	1st	2nd	3rd	4th	OT	Tot
	Totals							

Notes

1		38		75	
2		39		76	
3		40		77	
4		41		78	
5		42		79	
6		43		80	
7		44		81	
8		45		82	
9		46		83	
10		47		84	
11		48		85	
12		49		86	
13		50		87	
14		51		88	
15		52		89	
16		53		90	
17		54		91	
18		55		92	
19		56		93	
20		57		94	
21		58		95	
22		59		96	
23		60		97	
24		61		98	
25		62		99	
26		63		100	
27		64		101	
28		65		102	
29		66		103	
30		67		104	
31		68		105	
32		69		106	
33		70		107	
34		71		108	
35		72		109	
36		73		110	
37		74		111	

Technicals

Date _____ Time _____ Location _____

Home Team _____ Coach _____

1st Half Fouls: | | | | | | | | | | | | Full Timeouts: | | | |

2nd Half Fouls: | | | | | | | | | | | | 30 Sec. Timeouts: | | |

No.	Name	Fouls	1st	2nd	3rd	4th	OT	Tot
	Totals							

	1		38		75
	2		39		76
	3		40		77
	4		41		78
	5		42		79
	6		43		80
	7		44		81
	8		45		82
	9		46		83
	10		47		84
	11		48		85
	12		49		86
	13		50		87
	14		51		88
	15		52		89
	16		53		90
	17		54		91
	18		55		92
	19		56		93
	20		57		94
	21		58		95
	22		59		96
	23		60		97
	24		61		98
	25		62		99
	26		63		100
	27		64		101
	28		65		102
	29		66		103
	30		67		104
	31		68		105
	32		69		106
	33		70		107
	34		71		108
	35		72		109
	36		73		110
	37		74		111

Notes

Technicals

Referee _____	Scorer _____	Timekeeper _____

Away Team _____   Coach _____

1st Half Fouls: ⬚⬚⬚⬚⬚⬚⬚⬚⬚⬚⬚   Full Timeouts: ⬚⬚⬚

2nd Half Fouls: ⬚⬚⬚⬚⬚⬚⬚⬚⬚⬚   30 Sec. Timeouts: ⬚⬚

No.	Name	Fouls	1st	2nd	3rd	4th	OT	Tot				
									1	38	75
									2	39	76
									3	40	77
									4	41	78
									5	42	79
									6	43	80
									7	44	81
									8	45	82
									9	46	83
									10	47	84
									11	48	85
									12	49	86
									13	50	87
									14	51	88
									15	52	89
									16	53	90
									17	54	91
									18	55	92
									19	56	93
									20	57	94
									21	58	95
									22	59	96
									23	60	97
									24	61	98
									25	62	99
									26	63	100
									27	64	101
									28	65	102
									29	66	103
									30	67	104
									31	68	105
									32	69	106
									33	70	107
	Totals								34	71	108
									35	72	109
									36	73	110
									37	74	111

Notes

Technicals

Date	Time	Location

Home Team _____ Coach _____

1st Half Fouls: ☐☐☐☐☐☐☐☐☐☐☐☐

2nd Half Fouls: ☐☐☐☐☐☐☐☐☐☐☐☐

Full Timeouts: ☐☐☐

30 Sec. Timeouts: ☐☐

No.	Name	Fouls	1st	2nd	3rd	4th	OT	Tot
	Totals							

1		38		75	
2		39		76	
3		40		77	
4		41		78	
5		42		79	
6		43		80	
7		44		81	
8		45		82	
9		46		83	
10		47		84	
11		48		85	
12		49		86	
13		50		87	
14		51		88	
15		52		89	
16		53		90	
17		54		91	
18		55		92	
19		56		93	
20		57		94	
21		58		95	
22		59		96	
23		60		97	
24		61		98	
25		62		99	
26		63		100	
27		64		101	
28		65		102	
29		66		103	
30		67		104	
31		68		105	
32		69		106	
33		70		107	
34		71		108	
35		72		109	
36		73		110	
37		74		111	

Notes

Technicals

Referee _____ Scorer _____ Timekeeper _____

Away Team _____ Coach _____

1st Half Fouls: ☐☐☐☐☐☐☐☐☐☐   Full Timeouts: ☐☐☐

2nd Half Fouls: ☐☐☐☐☐☐☐☐☐   30 Sec. Timeouts: ☐☐

No.	Name	Fouls	1st	2nd	3rd	4th	OT	Tot
	Totals							

	1		38		75
	2		39		76
	3		40		77
	4		41		78
	5		42		79
	6		43		80
	7		44		81
	8		45		82
	9		46		83
	10		47		84
	11		48		85
	12		49		86
	13		50		87
	14		51		88
	15		52		89
	16		53		90
	17		54		91
	18		55		92
	19		56		93
	20		57		94
	21		58		95
	22		59		96
	23		60		97
	24		61		98
	25		62		99
	26		63		100
	27		64		101
	28		65		102
	29		66		103
	30		67		104
	31		68		105
	32		69		106
	33		70		107
	34		71		108
	35		72		109
	36		73		110
	37		74		111

Notes

Technicals

| Date | | Time | | Location | |

Home Team _____ Coach _____

1st Half Fouls: ☐☐☐☐☐☐☐☐☐☐   Full Timeouts: ☐☐☐

2nd Half Fouls: ☐☐☐☐☐☐☐☐☐☐   30 Sec. Timeouts: ☐☐

No.	Name	Fouls	1st	2nd	3rd	4th	OT	Tot
	Totals							

Notes

1		38		75	
2		39		76	
3		40		77	
4		41		78	
5		42		79	
6		43		80	
7		44		81	
8		45		82	
9		46		83	
10		47		84	
11		48		85	
12		49		86	
13		50		87	
14		51		88	
15		52		89	
16		53		90	
17		54		91	
18		55		92	
19		56		93	
20		57		94	
21		58		95	
22		59		96	
23		60		97	
24		61		98	
25		62		99	
26		63		100	
27		64		101	
28		65		102	
29		66		103	
30		67		104	
31		68		105	
32		69		106	
33		70		107	
34		71		108	
35		72		109	
36		73		110	
37		74		111	

Technicals

Referee _____ Scorer _____ Timekeeper _____

Away Team _____ Coach _____

1st Half Fouls: | | | | | | | | | | | Full Timeouts: | | |

2nd Half Fouls: | | | | | | | | | | 30 Sec. Timeouts: | |

No.	Name	Fouls					1st	2nd	3rd	4th	OT	Tot
	Totals											

Notes

1		38		75	
2		39		76	
3		40		77	
4		41		78	
5		42		79	
6		43		80	
7		44		81	
8		45		82	
9		46		83	
10		47		84	
11		48		85	
12		49		86	
13		50		87	
14		51		88	
15		52		89	
16		53		90	
17		54		91	
18		55		92	
19		56		93	
20		57		94	
21		58		95	
22		59		96	
23		60		97	
24		61		98	
25		62		99	
26		63		100	
27		64		101	
28		65		102	
29		66		103	
30		67		104	
31		68		105	
32		69		106	
33		70		107	
34		71		108	
35		72		109	
36		73		110	
37		74		111	

Technicals

| Date | | Time | | Location | |

Home Team _____ Coach _____

1st Half Fouls: `[ ][ ][ ][ ][ ][ ][ ][ ][ ][ ]` Full Timeouts: `[ ][ ][ ]`

2nd Half Fouls: `[ ][ ][ ][ ][ ][ ][ ][ ][ ][ ]` 30 Sec. Timeouts: `[ ][ ]`

No.	Name	Fouls	1st	2nd	3rd	4th	OT	Tot
	Totals							

Notes

1		38		75
2		39		76
3		40		77
4		41		78
5		42		79
6		43		80
7		44		81
8		45		82
9		46		83
10		47		84
11		48		85
12		49		86
13		50		87
14		51		88
15		52		89
16		53		90
17		54		91
18		55		92
19		56		93
20		57		94
21		58		95
22		59		96
23		60		97
24		61		98
25		62		99
26		63		100
27		64		101
28		65		102
29		66		103
30		67		104
31		68		105
32		69		106
33		70		107
34		71		108
35		72		109
36		73		110
37		74		111

Technicals

Referee _____ Scorer _____ Timekeeper _____

Away Team _____ Coach _____

1st Half Fouls: | | | | | | | | | | | Full Timeouts: | | | |

2nd Half Fouls: | | | | | | | | | | | 30 Sec. Timeouts: | | |

No.	Name	Fouls					1st	2nd	3rd	4th	OT	Tot
	Totals											

	1		38		75
	2		39		76
	3		40		77
	4		41		78
	5		42		79
	6		43		80
	7		44		81
	8		45		82
	9		46		83
	10		47		84
	11		48		85
	12		49		86
	13		50		87
	14		51		88
	15		52		89
	16		53		90
	17		54		91
	18		55		92
	19		56		93
	20		57		94
	21		58		95
	22		59		96
	23		60		97
	24		61		98
	25		62		99
	26		63		100
	27		64		101
	28		65		102
	29		66		103
	30		67		104
	31		68		105
	32		69		106
	33		70		107
	34		71		108
	35		72		109
	36		73		110
	37		74		111

Notes

Technicals

Date	Time	Location

Home Team _____ Coach _____

1st Half Fouls: ⬜⬜⬜⬜⬜⬜⬜⬜⬜⬜⬜ Full Timeouts: ⬜⬜⬜

2nd Half Fouls: ⬜⬜⬜⬜⬜⬜⬜⬜⬜⬜⬜ 30 Sec. Timeouts: ⬜⬜

No.	Name	Fouls	1st	2nd	3rd	4th	OT	Tot
	Totals							

Notes

1		38		75
2		39		76
3		40		77
4		41		78
5		42		79
6		43		80
7		44		81
8		45		82
9		46		83
10		47		84
11		48		85
12		49		86
13		50		87
14		51		88
15		52		89
16		53		90
17		54		91
18		55		92
19		56		93
20		57		94
21		58		95
22		59		96
23		60		97
24		61		98
25		62		99
26		63		100
27		64		101
28		65		102
29		66		103
30		67		104
31		68		105
32		69		106
33		70		107
34		71		108
35		72		109
36		73		110
37		74		111

Technicals

| Referee | | Scorer | | Timekeeper | |

Away Team _____ Coach _____

1st Half Fouls: ☐☐☐☐☐☐☐☐☐☐☐   Full Timeouts: ☐☐☐

2nd Half Fouls: ☐☐☐☐☐☐☐☐☐☐☐   30 Sec. Timeouts: ☐☐

No.	Name	Fouls	1st	2nd	3rd	4th	OT	Tot
	Totals							

Notes

	1		38		75
	2		39		76
	3		40		77
	4		41		78
	5		42		79
	6		43		80
	7		44		81
	8		45		82
	9		46		83
	10		47		84
	11		48		85
	12		49		86
	13		50		87
	14		51		88
	15		52		89
	16		53		90
	17		54		91
	18		55		92
	19		56		93
	20		57		94
	21		58		95
	22		59		96
	23		60		97
	24		61		98
	25		62		99
	26		63		100
	27		64		101
	28		65		102
	29		66		103
	30		67		104
	31		68		105
	32		69		106
	33		70		107
	34		71		108
	35		72		109
	36		73		110
	37		74		111

Technicals

Date		Time		Location	

Home Team _____ Coach _____

1st Half Fouls: ⬚⬚⬚⬚⬚⬚⬚⬚⬚⬚⬚   Full Timeouts: ⬚⬚⬚

2nd Half Fouls: ⬚⬚⬚⬚⬚⬚⬚⬚⬚⬚⬚   30 Sec. Timeouts: ⬚⬚

No.	Name	Fouls	1st	2nd	3rd	4th	OT	Tot
	Totals							

1		38		75	
2		39		76	
3		40		77	
4		41		78	
5		42		79	
6		43		80	
7		44		81	
8		45		82	
9		46		83	
10		47		84	
11		48		85	
12		49		86	
13		50		87	
14		51		88	
15		52		89	
16		53		90	
17		54		91	
18		55		92	
19		56		93	
20		57		94	
21		58		95	
22		59		96	
23		60		97	
24		61		98	
25		62		99	
26		63		100	
27		64		101	
28		65		102	
29		66		103	
30		67		104	
31		68		105	
32		69		106	
33		70		107	
34		71		108	
35		72		109	
36		73		110	
37		74		111	

Notes

Technicals

| Referee _____ | Scorer _____ | Timekeeper _____ |

No.	Name	Fouls						1st	2nd	3rd	4th	OT	Tot
	Totals												

	1		38		75
	2		39		76
	3		40		77
	4		41		78
	5		42		79
	6		43		80
	7		44		81
	8		45		82
	9		46		83
	10		47		84
	11		48		85
	12		49		86
	13		50		87
	14		51		88
	15		52		89
	16		53		90
	17		54		91
	18		55		92
	19		56		93
	20		57		94
	21		58		95
	22		59		96
	23		60		97
	24		61		98
	25		62		99
	26		63		100
	27		64		101
	28		65		102
	29		66		103
	30		67		104
	31		68		105
	32		69		106
	33		70		107
	34		71		108
	35		72		109
	36		73		110
	37		74		111

Notes

Technicals

Date		Time		Location	

Home Team _____ Coach _____

1st Half Fouls: ☐☐☐☐☐☐☐☐☐☐ Full Timeouts: ☐☐☐

2nd Half Fouls: ☐☐☐☐☐☐☐☐☐☐ 30 Sec. Timeouts: ☐☐

No.	Name	Fouls	1st	2nd	3rd	4th	OT	Tot
	Totals							

Notes

1		38		75
2		39		76
3		40		77
4		41		78
5		42		79
6		43		80
7		44		81
8		45		82
9		46		83
10		47		84
11		48		85
12		49		86
13		50		87
14		51		88
15		52		89
16		53		90
17		54		91
18		55		92
19		56		93
20		57		94
21		58		95
22		59		96
23		60		97
24		61		98
25		62		99
26		63		100
27		64		101
28		65		102
29		66		103
30		67		104
31		68		105
32		69		106
33		70		107
34		71		108
35		72		109
36		73		110
37		74		111

Technicals

Referee	Scorer	Timekeeper

Away Team _____ Coach _____

1st Half Fouls: | | | | | | | | | | |

2nd Half Fouls: | | | | | | | | | | |

Full Timeouts: | | | |

30 Sec. Timeouts: | | |

No.	Name	Fouls	1st	2nd	3rd	4th	OT	Tot
	Totals							

1		38		75	
2		39		76	
3		40		77	
4		41		78	
5		42		79	
6		43		80	
7		44		81	
8		45		82	
9		46		83	
10		47		84	
11		48		85	
12		49		86	
13		50		87	
14		51		88	
15		52		89	
16		53		90	
17		54		91	
18		55		92	
19		56		93	
20		57		94	
21		58		95	
22		59		96	
23		60		97	
24		61		98	
25		62		99	
26		63		100	
27		64		101	
28		65		102	
29		66		103	
30		67		104	
31		68		105	
32		69		106	
33		70		107	
34		71		108	
35		72		109	
36		73		110	
37		74		111	

Notes

Technicals

Date	Time	Location

Home Team _____ Coach _____

1st Half Fouls: ☐☐☐☐☐☐☐☐☐☐☐☐☐☐   Full Timeouts: ☐☐☐

2nd Half Fouls: ☐☐☐☐☐☐☐☐☐☐☐☐☐☐   30 Sec. Timeouts: ☐☐

No.	Name	Fouls	1st	2nd	3rd	4th	OT	Tot						
									1		38		75	
									2		39		76	
									3		40		77	
									4		41		78	
									5		42		79	
									6		43		80	
									7		44		81	
									8		45		82	
									9		46		83	
									10		47		84	
									11		48		85	
									12		49		86	
									13		50		87	
									14		51		88	
									15		52		89	
									16		53		90	
									17		54		91	
									18		55		92	
									19		56		93	
									20		57		94	
									21		58		95	
									22		59		96	
									23		60		97	
									24		61		98	
									25		62		99	
									26		63		100	
									27		64		101	
									28		65		102	
									29		66		103	
									30		67		104	
									31		68		105	
									32		69		106	
									33		70		107	
									34		71		108	
Totals									35		72		109	
									36		73		110	
									37		74		111	

Notes

Technicals

Referee _____   Scorer _____   Timekeeper _____

Away Team _____   Coach _____

1st Half Fouls: ☐☐☐☐☐☐☐☐☐☐   Full Timeouts: ☐☐☐

2nd Half Fouls: ☐☐☐☐☐☐☐☐☐☐   30 Sec. Timeouts: ☐☐

No.	Name	Fouls	1st	2nd	3rd	4th	OT	Tot
Totals								

1	38	75
2	39	76
3	40	77
4	41	78
5	42	79
6	43	80
7	44	81
8	45	82
9	46	83
10	47	84
11	48	85
12	49	86
13	50	87
14	51	88
15	52	89
16	53	90
17	54	91
18	55	92
19	56	93
20	57	94
21	58	95
22	59	96
23	60	97
24	61	98
25	62	99
26	63	100
27	64	101
28	65	102
29	66	103
30	67	104
31	68	105
32	69	106
33	70	107
34	71	108
35	72	109
36	73	110
37	74	111

Notes

Technicals

Date		Time		Location	

Home Team _____ Coach _____

1st Half Fouls: ☐☐☐☐☐☐☐☐☐☐☐   Full Timeouts: ☐☐☐

2nd Half Fouls: ☐☐☐☐☐☐☐☐☐☐☐   30 Sec. Timeouts: ☐☐

No.	Name		Fouls	1st	2nd	3rd	4th	OT	Tot
	Totals								

Notes

	1		38		75
	2		39		76
	3		40		77
	4		41		78
	5		42		79
	6		43		80
	7		44		81
	8		45		82
	9		46		83
	10		47		84
	11		48		85
	12		49		86
	13		50		87
	14		51		88
	15		52		89
	16		53		90
	17		54		91
	18		55		92
	19		56		93
	20		57		94
	21		58		95
	22		59		96
	23		60		97
	24		61		98
	25		62		99
	26		63		100
	27		64		101
	28		65		102
	29		66		103
	30		67		104
	31		68		105
	32		69		106
	33		70		107
	34		71		108
	35		72		109
	36		73		110
	37		74		111

Technicals

Referee _____	Scorer _____	Timekeeper _____

Away Team _____   Coach _____

1st Half Fouls: | | | | | | | | | | Full Timeouts: | | | |

2nd Half Fouls: | | | | | | | | | | 30 Sec. Timeouts: | | |

No.	Name					Fouls	1st	2nd	3rd	4th	OT	Tot
	Totals											

Notes

1		38		75	
2		39		76	
3		40		77	
4		41		78	
5		42		79	
6		43		80	
7		44		81	
8		45		82	
9		46		83	
10		47		84	
11		48		85	
12		49		86	
13		50		87	
14		51		88	
15		52		89	
16		53		90	
17		54		91	
18		55		92	
19		56		93	
20		57		94	
21		58		95	
22		59		96	
23		60		97	
24		61		98	
25		62		99	
26		63		100	
27		64		101	
28		65		102	
29		66		103	
30		67		104	
31		68		105	
32		69		106	
33		70		107	
34		71		108	
35		72		109	
36		73		110	
37		74		111	

Technicals

Date	Time	Location

Home Team _____ Coach _____

1st Half Fouls: ☐☐☐☐☐☐☐☐☐☐☐   Full Timeouts: ☐☐☐

2nd Half Fouls: ☐☐☐☐☐☐☐☐☐☐☐   30 Sec. Timeouts: ☐☐

No.	Name	Fouls	1st	2nd	3rd	4th	OT	Tot
	Totals							

1		38		75	
2		39		76	
3		40		77	
4		41		78	
5		42		79	
6		43		80	
7		44		81	
8		45		82	
9		46		83	
10		47		84	
11		48		85	
12		49		86	
13		50		87	
14		51		88	
15		52		89	
16		53		90	
17		54		91	
18		55		92	
19		56		93	
20		57		94	
21		58		95	
22		59		96	
23		60		97	
24		61		98	
25		62		99	
26		63		100	
27		64		101	
28		65		102	
29		66		103	
30		67		104	
31		68		105	
32		69		106	
33		70		107	
34		71		108	
35		72		109	
36		73		110	
37		74		111	

Technicals

Notes

Referee	Scorer	Timekeeper

Away Team _____ Coach _____

1st Half Fouls: ☐☐☐☐☐☐☐☐☐☐ Full Timeouts: ☐☐☐

2nd Half Fouls: ☐☐☐☐☐☐☐☐☐☐ 30 Sec. Timeouts: ☐☐

No.	Name	Fouls	1st	2nd	3rd	4th	OT	Tot
	Totals							

Notes

1	38	75
2	39	76
3	40	77
4	41	78
5	42	79
6	43	80
7	44	81
8	45	82
9	46	83
10	47	84
11	48	85
12	49	86
13	50	87
14	51	88
15	52	89
16	53	90
17	54	91
18	55	92
19	56	93
20	57	94
21	58	95
22	59	96
23	60	97
24	61	98
25	62	99
26	63	100
27	64	101
28	65	102
29	66	103
30	67	104
31	68	105
32	69	106
33	70	107
34	71	108
35	72	109
36	73	110
37	74	111

Technicals

Date	Time	Location

Home Team _____ Coach _____

1st Half Fouls: | | | | | | | | | | | Full Timeouts: | | |

2nd Half Fouls: | | | | | | | | | | 30 Sec. Timeouts: | |

No.	Name	Fouls	1st	2nd	3rd	4th	OT	Tot
	Totals							

Notes

1		38		75	
2		39		76	
3		40		77	
4		41		78	
5		42		79	
6		43		80	
7		44		81	
8		45		82	
9		46		83	
10		47		84	
11		48		85	
12		49		86	
13		50		87	
14		51		88	
15		52		89	
16		53		90	
17		54		91	
18		55		92	
19		56		93	
20		57		94	
21		58		95	
22		59		96	
23		60		97	
24		61		98	
25		62		99	
26		63		100	
27		64		101	
28		65		102	
29		66		103	
30		67		104	
31		68		105	
32		69		106	
33		70		107	
34		71		108	
35		72		109	
36		73		110	
37		74		111	

Technicals

Referee _____ Scorer _____ Timekeeper _____

Away Team _____ Coach _____

1st Half Fouls: | | | | | | | | | | Full Timeouts: | | | |

2nd Half Fouls: | | | | | | | | | | 30 Sec. Timeouts: | | |

No.	Name	Fouls	1st	2nd	3rd	4th	OT	Tot
	Totals							

Notes

1	38		75
2	39		76
3	40		77
4	41		78
5	42		79
6	43		80
7	44		81
8	45		82
9	46		83
10	47		84
11	48		85
12	49		86
13	50		87
14	51		88
15	52		89
16	53		90
17	54		91
18	55		92
19	56		93
20	57		94
21	58		95
22	59		96
23	60		97
24	61		98
25	62		99
26	63		100
27	64		101
28	65		102
29	66		103
30	67		104
31	68		105
32	69		106
33	70		107
34	71		108
35	72		109
36	73		110
37	74		111

Technicals

Date	Time	Location

Home Team _____ Coach _____

1st Half Fouls: ☐☐☐☐☐☐☐☐☐☐   Full Timeouts: ☐☐☐

2nd Half Fouls: ☐☐☐☐☐☐☐☐☐☐   30 Sec. Timeouts: ☐☐

No.	Name	Fouls	1st	2nd	3rd	4th	OT	Tot
	Totals							

Notes

1	38	75
2	39	76
3	40	77
4	41	78
5	42	79
6	43	80
7	44	81
8	45	82
9	46	83
10	47	84
11	48	85
12	49	86
13	50	87
14	51	88
15	52	89
16	53	90
17	54	91
18	55	92
19	56	93
20	57	94
21	58	95
22	59	96
23	60	97
24	61	98
25	62	99
26	63	100
27	64	101
28	65	102
29	66	103
30	67	104
31	68	105
32	69	106
33	70	107
34	71	108
35	72	109
36	73	110
37	74	111

Technicals

Referee _____ Scorer _____ Timekeeper _____

Away Team _____ Coach _____

1st Half Fouls: | | | | | | | | | | | Full Timeouts: | | | |

2nd Half Fouls: | | | | | | | | | | | 30 Sec. Timeouts: | | |

No.	Name	Fouls	1st	2nd	3rd	4th	OT	Tot
	Totals							

Notes

1		38		75	
2		39		76	
3		40		77	
4		41		78	
5		42		79	
6		43		80	
7		44		81	
8		45		82	
9		46		83	
10		47		84	
11		48		85	
12		49		86	
13		50		87	
14		51		88	
15		52		89	
16		53		90	
17		54		91	
18		55		92	
19		56		93	
20		57		94	
21		58		95	
22		59		96	
23		60		97	
24		61		98	
25		62		99	
26		63		100	
27		64		101	
28		65		102	
29		66		103	
30		67		104	
31		68		105	
32		69		106	
33		70		107	
34		71		108	
35		72		109	
36		73		110	
37		74		111	

Technicals

Date _____ Time _____ Location _____

Home Team _____ Coach _____

1st Half Fouls: | | | | | | | | | | | | Full Timeouts: | | |

2nd Half Fouls: | | | | | | | | | | | 30 Sec. Timeouts: | |

No.	Name		Fouls					1st	2nd	3rd	4th	OT	Tot
	Totals												

Notes

1		38		75	
2		39		76	
3		40		77	
4		41		78	
5		42		79	
6		43		80	
7		44		81	
8		45		82	
9		46		83	
10		47		84	
11		48		85	
12		49		86	
13		50		87	
14		51		88	
15		52		89	
16		53		90	
17		54		91	
18		55		92	
19		56		93	
20		57		94	
21		58		95	
22		59		96	
23		60		97	
24		61		98	
25		62		99	
26		63		100	
27		64		101	
28		65		102	
29		66		103	
30		67		104	
31		68		105	
32		69		106	
33		70		107	
34		71		108	
35		72		109	
36		73		110	
37		74		111	

Technicals

Referee _____ Scorer _____ Timekeeper _____

Away Team _____ Coach _____

1st Half Fouls: ☐☐☐☐☐☐☐☐☐☐ Full Timeouts: ☐☐☐

2nd Half Fouls: ☐☐☐☐☐☐☐☐☐☐ 30 Sec. Timeouts: ☐☐

No.	Name		Fouls	1st	2nd	3rd	4th	OT	Tot
	Totals								

Notes

1		38		75	
2		39		76	
3		40		77	
4		41		78	
5		42		79	
6		43		80	
7		44		81	
8		45		82	
9		46		83	
10		47		84	
11		48		85	
12		49		86	
13		50		87	
14		51		88	
15		52		89	
16		53		90	
17		54		91	
18		55		92	
19		56		93	
20		57		94	
21		58		95	
22		59		96	
23		60		97	
24		61		98	
25		62		99	
26		63		100	
27		64		101	
28		65		102	
29		66		103	
30		67		104	
31		68		105	
32		69		106	
33		70		107	
34		71		108	
35		72		109	
36		73		110	
37		74		111	

Technicals

Date		Time		Location	

Home Team _____ Coach _____

1st Half Fouls: | | | | | | | | | | | | Full Timeouts: | | | |

2nd Half Fouls: | | | | | | | | | | | 30 Sec. Timeouts: | | |

No.	Name	Fouls	1st	2nd	3rd	4th	OT	Tot						
									1		38		75	
									2		39		76	
									3		40		77	
									4		41		78	
									5		42		79	
									6		43		80	
									7		44		81	
									8		45		82	
									9		46		83	
									10		47		84	
									11		48		85	
									12		49		86	
									13		50		87	
									14		51		88	
									15		52		89	
									16		53		90	
									17		54		91	
									18		55		92	
									19		56		93	
									20		57		94	
									21		58		95	
									22		59		96	
									23		60		97	
									24		61		98	
									25		62		99	
									26		63		100	
									27		64		101	
									28		65		102	
									29		66		103	
									30		67		104	
									31		68		105	
									32		69		106	
									33		70		107	
									34		71		108	
									35		72		109	
	Totals								36		73		110	
									37		74		111	

Notes

Technicals

Referee _____	Scorer _____	Timekeeper _____

Away Team _____ Coach _____

1st Half Fouls: ☐☐☐☐☐☐☐☐☐☐   Full Timeouts: ☐☐☐

2nd Half Fouls: ☐☐☐☐☐☐☐☐☐☐   30 Sec. Timeouts: ☐☐

No.	Name	Fouls	1st	2nd	3rd	4th	OT	Tot
	Totals							

Notes

1		38		75	
2		39		76	
3		40		77	
4		41		78	
5		42		79	
6		43		80	
7		44		81	
8		45		82	
9		46		83	
10		47		84	
11		48		85	
12		49		86	
13		50		87	
14		51		88	
15		52		89	
16		53		90	
17		54		91	
18		55		92	
19		56		93	
20		57		94	
21		58		95	
22		59		96	
23		60		97	
24		61		98	
25		62		99	
26		63		100	
27		64		101	
28		65		102	
29		66		103	
30		67		104	
31		68		105	
32		69		106	
33		70		107	
34		71		108	
35		72		109	
36		73		110	
37		74		111	

Technicals

Date _____ Time _____ Location _____

Home Team _____ Coach _____

1st Half Fouls: [ ][ ][ ][ ][ ][ ][ ][ ][ ][ ]   Full Timeouts: [ ][ ][ ]

2nd Half Fouls: [ ][ ][ ][ ][ ][ ][ ][ ][ ][ ]   30 Sec. Timeouts: [ ][ ]

No.	Name	Fouls	1st	2nd	3rd	4th	OT	Tot
	Totals							

Notes

1		38		75	
2		39		76	
3		40		77	
4		41		78	
5		42		79	
6		43		80	
7		44		81	
8		45		82	
9		46		83	
10		47		84	
11		48		85	
12		49		86	
13		50		87	
14		51		88	
15		52		89	
16		53		90	
17		54		91	
18		55		92	
19		56		93	
20		57		94	
21		58		95	
22		59		96	
23		60		97	
24		61		98	
25		62		99	
26		63		100	
27		64		101	
28		65		102	
29		66		103	
30		67		104	
31		68		105	
32		69		106	
33		70		107	
34		71		108	
35		72		109	
36		73		110	
37		74		111	

Technicals

Referee _____ Scorer _____ Timekeeper _____

Away Team _____ Coach _____

1st Half Fouls: | | | | | | | | | | Full Timeouts: | | | |

2nd Half Fouls: | | | | | | | | | 30 Sec. Timeouts: | |

No.	Name	Fouls	1st	2nd	3rd	4th	OT	Tot
	Totals							

Notes

1		38		75
2		39		76
3		40		77
4		41		78
5		42		79
6		43		80
7		44		81
8		45		82
9		46		83
10		47		84
11		48		85
12		49		86
13		50		87
14		51		88
15		52		89
16		53		90
17		54		91
18		55		92
19		56		93
20		57		94
21		58		95
22		59		96
23		60		97
24		61		98
25		62		99
26		63		100
27		64		101
28		65		102
29		66		103
30		67		104
31		68		105
32		69		106
33		70		107
34		71		108
35		72		109
36		73		110
37		74		111

Technicals

Date _____ Time _____ Location _____

Home Team _____ Coach _____

1st Half Fouls: | | | | | | | | | | | Full Timeouts: | | |

2nd Half Fouls: | | | | | | | | | | | 30 Sec. Timeouts: | |

No.	Name	Fouls	1st	2nd	3rd	4th	OT	Tot
	Totals							

1		38		75	
2		39		76	
3		40		77	
4		41		78	
5		42		79	
6		43		80	
7		44		81	
8		45		82	
9		46		83	
10		47		84	
11		48		85	
12		49		86	
13		50		87	
14		51		88	
15		52		89	
16		53		90	
17		54		91	
18		55		92	
19		56		93	
20		57		94	
21		58		95	
22		59		96	
23		60		97	
24		61		98	
25		62		99	
26		63		100	
27		64		101	
28		65		102	
29		66		103	
30		67		104	
31		68		105	
32		69		106	
33		70		107	
34		71		108	
35		72		109	
36		73		110	
37		74		111	

Notes

Technicals

Referee _____ Scorer _____ Timekeeper _____

Away Team _____ Coach _____

1st Half Fouls: | | | | | | | | | | Full Timeouts: | | |

2nd Half Fouls: | | | | | | | | | | 30 Sec. Timeouts: | |

No.	Name	Fouls					1st	2nd	3rd	4th	OT	Tot
	Totals											

Notes

	1		38		75
	2		39		76
	3		40		77
	4		41		78
	5		42		79
	6		43		80
	7		44		81
	8		45		82
	9		46		83
	10		47		84
	11		48		85
	12		49		86
	13		50		87
	14		51		88
	15		52		89
	16		53		90
	17		54		91
	18		55		92
	19		56		93
	20		57		94
	21		58		95
	22		59		96
	23		60		97
	24		61		98
	25		62		99
	26		63		100
	27		64		101
	28		65		102
	29		66		103
	30		67		104
	31		68		105
	32		69		106
	33		70		107
	34		71		108
	35		72		109
	36		73		110
	37		74		111

Technicals

Date _____ Time _____ Location _____

Home Team _____ Coach _____

1st Half Fouls: ☐☐☐☐☐☐☐☐☐☐   Full Timeouts: ☐☐☐

2nd Half Fouls: ☐☐☐☐☐☐☐☐☐☐   30 Sec. Timeouts: ☐

No.	Name	Fouls	1st	2nd	3rd	4th	OT	Tot
Totals								

1		38		75	
2		39		76	
3		40		77	
4		41		78	
5		42		79	
6		43		80	
7		44		81	
8		45		82	
9		46		83	
10		47		84	
11		48		85	
12		49		86	
13		50		87	
14		51		88	
15		52		89	
16		53		90	
17		54		91	
18		55		92	
19		56		93	
20		57		94	
21		58		95	
22		59		96	
23		60		97	
24		61		98	
25		62		99	
26		63		100	
27		64		101	
28		65		102	
29		66		103	
30		67		104	
31		68		105	
32		69		106	
33		70		107	
34		71		108	
35		72		109	
36		73		110	
37		74		111	

Notes

Technicals

Referee _____ Scorer _____ Timekeeper _____

Away Team _____ Coach _____

1st Half Fouls: | | | | | | | | | | | Full Timeouts: | | |

2nd Half Fouls: | | | | | | | | | | | 30 Sec. Timeouts: | |

No.	Name	Fouls	1st	2nd	3rd	4th	OT	Tot
	Totals							

Notes

1		38		75	
2		39		76	
3		40		77	
4		41		78	
5		42		79	
6		43		80	
7		44		81	
8		45		82	
9		46		83	
10		47		84	
11		48		85	
12		49		86	
13		50		87	
14		51		88	
15		52		89	
16		53		90	
17		54		91	
18		55		92	
19		56		93	
20		57		94	
21		58		95	
22		59		96	
23		60		97	
24		61		98	
25		62		99	
26		63		100	
27		64		101	
28		65		102	
29		66		103	
30		67		104	
31		68		105	
32		69		106	
33		70		107	
34		71		108	
35		72		109	
36		73		110	
37		74		111	

Technicals

Date		Time		Location	

Home Team _____ Coach _____

1st Half Fouls: | | | | | | | | | | | Full Timeouts: | | | |

2nd Half Fouls: | | | | | | | | | | 30 Sec. Timeouts: | | |

No.	Name	Fouls						1st	2nd	3rd	4th	OT	Tot
	Totals												

Notes

1		38		75
2		39		76
3		40		77
4		41		78
5		42		79
6		43		80
7		44		81
8		45		82
9		46		83
10		47		84
11		48		85
12		49		86
13		50		87
14		51		88
15		52		89
16		53		90
17		54		91
18		55		92
19		56		93
20		57		94
21		58		95
22		59		96
23		60		97
24		61		98
25		62		99
26		63		100
27		64		101
28		65		102
29		66		103
30		67		104
31		68		105
32		69		106
33		70		107
34		71		108
35		72		109
36		73		110
37		74		111

Technicals

Referee _____ Scorer _____ Timekeeper _____

Away Team _____ Coach _____

1st Half Fouls: | | | | | | | | | | Full Timeouts: | | | |

2nd Half Fouls: | | | | | | | | | | 30 Sec. Timeouts: | |

No.	Name	Fouls	1st	2nd	3rd	4th	OT	Tot
	Totals							

Notes

	1		38		75
	2		39		76
	3		40		77
	4		41		78
	5		42		79
	6		43		80
	7		44		81
	8		45		82
	9		46		83
	10		47		84
	11		48		85
	12		49		86
	13		50		87
	14		51		88
	15		52		89
	16		53		90
	17		54		91
	18		55		92
	19		56		93
	20		57		94
	21		58		95
	22		59		96
	23		60		97
	24		61		98
	25		62		99
	26		63		100
	27		64		101
	28		65		102
	29		66		103
	30		67		104
	31		68		105
	32		69		106
	33		70		107
	34		71		108
	35		72		109
	36		73		110
	37		74		111

Technicals

Date		Time		Location	

Home Team _____ Coach _____

1st Half Fouls: | | | | | | | | | |

2nd Half Fouls: | | | | | | | | | |

Full Timeouts: | | |

30 Sec. Timeouts: | |

No.	Name	Fouls	1st	2nd	3rd	4th	OT	Tot
	Totals							

Notes

1		38	75
2		39	76
3		40	77
4		41	78
5		42	79
6		43	80
7		44	81
8		45	82
9		46	83
10		47	84
11		48	85
12		49	86
13		50	87
14		51	88
15		52	89
16		53	90
17		54	91
18		55	92
19		56	93
20		57	94
21		58	95
22		59	96
23		60	97
24		61	98
25		62	99
26		63	100
27		64	101
28		65	102
29		66	103
30		67	104
31		68	105
32		69	106
33		70	107
34		71	108
35		72	109
36		73	110
37		74	111

Technicals

Referee	Scorer	Timekeeper

Away Team _____ Coach _____

1st Half Fouls: ☐☐☐☐☐☐☐☐☐☐ Full Timeouts: ☐☐☐

2nd Half Fouls: ☐☐☐☐☐☐☐☐☐☐ 30 Sec. Timeouts: ☐☐

No.	Name	Fouls				1st	2nd	3rd	4th	OT	Tot
	Totals										

1		38		75	
2		39		76	
3		40		77	
4		41		78	
5		42		79	
6		43		80	
7		44		81	
8		45		82	
9		46		83	
10		47		84	
11		48		85	
12		49		86	
13		50		87	
14		51		88	
15		52		89	
16		53		90	
17		54		91	
18		55		92	
19		56		93	
20		57		94	
21		58		95	
22		59		96	
23		60		97	
24		61		98	
25		62		99	
26		63		100	
27		64		101	
28		65		102	
29		66		103	
30		67		104	
31		68		105	
32		69		106	
33		70		107	
34		71		108	
35		72		109	
36		73		110	
37		74		111	

Notes

Technicals

Date _____ Time _____ Location _____

Home Team _____ Coach _____

1st Half Fouls: ☐☐☐☐☐☐☐☐☐☐ Full Timeouts: ☐☐☐

2nd Half Fouls: ☐☐☐☐☐☐☐☐☐☐ 30 Sec. Timeouts: ☐☐

No.	Name	Fouls	1st	2nd	3rd	4th	OT	Tot
	Totals							

1		38		75	
2		39		76	
3		40		77	
4		41		78	
5		42		79	
6		43		80	
7		44		81	
8		45		82	
9		46		83	
10		47		84	
11		48		85	
12		49		86	
13		50		87	
14		51		88	
15		52		89	
16		53		90	
17		54		91	
18		55		92	
19		56		93	
20		57		94	
21		58		95	
22		59		96	
23		60		97	
24		61		98	
25		62		99	
26		63		100	
27		64		101	
28		65		102	
29		66		103	
30		67		104	
31		68		105	
32		69		106	
33		70		107	
34		71		108	
35		72		109	
36		73		110	
37		74		111	

Notes

Technicals

Referee _____   Scorer _____   Timekeeper _____

Away Team _____   Coach _____

1st Half Fouls: | | | | | | | | | | Full Timeouts: | | |

2nd Half Fouls: | | | | | | | | | 30 Sec. Timeouts: | |

No.	Name		Fouls				1st	2nd	3rd	4th	OT	Tot
	Totals											

Notes

1		38		75	
2		39		76	
3		40		77	
4		41		78	
5		42		79	
6		43		80	
7		44		81	
8		45		82	
9		46		83	
10		47		84	
11		48		85	
12		49		86	
13		50		87	
14		51		88	
15		52		89	
16		53		90	
17		54		91	
18		55		92	
19		56		93	
20		57		94	
21		58		95	
22		59		96	
23		60		97	
24		61		98	
25		62		99	
26		63		100	
27		64		101	
28		65		102	
29		66		103	
30		67		104	
31		68		105	
32		69		106	
33		70		107	
34		71		108	
35		72		109	
36		73		110	
37		74		111	

Technicals

Date	Time	Location

Home Team _____ Coach _____

1st Half Fouls: ☐☐☐☐☐☐☐☐☐☐☐   Full Timeouts: ☐☐☐

2nd Half Fouls: ☐☐☐☐☐☐☐☐☐☐☐   30 Sec. Timeouts: ☐☐

No.	Name	Fouls	1st	2nd	3rd	4th	OT	Tot
	Totals							

Notes

1	38	75
2	39	76
3	40	77
4	41	78
5	42	79
6	43	80
7	44	81
8	45	82
9	46	83
10	47	84
11	48	85
12	49	86
13	50	87
14	51	88
15	52	89
16	53	90
17	54	91
18	55	92
19	56	93
20	57	94
21	58	95
22	59	96
23	60	97
24	61	98
25	62	99
26	63	100
27	64	101
28	65	102
29	66	103
30	67	104
31	68	105
32	69	106
33	70	107
34	71	108
35	72	109
36	73	110
37	74	111

Technicals

Referee _____ Scorer _____ Timekeeper _____

Away Team _____ Coach _____

1st Half Fouls: | | | | | | | | | | Full Timeouts: | | |

2nd Half Fouls: | | | | | | | | | | 30 Sec. Timeouts: | |

No.	Name	Fouls	1st	2nd	3rd	4th	OT	Tot
	Totals							

Notes

	1		38		75
	2		39		76
	3		40		77
	4		41		78
	5		42		79
	6		43		80
	7		44		81
	8		45		82
	9		46		83
	10		47		84
	11		48		85
	12		49		86
	13		50		87
	14		51		88
	15		52		89
	16		53		90
	17		54		91
	18		55		92
	19		56		93
	20		57		94
	21		58		95
	22		59		96
	23		60		97
	24		61		98
	25		62		99
	26		63		100
	27		64		101
	28		65		102
	29		66		103
	30		67		104
	31		68		105
	32		69		106
	33		70		107
	34		71		108
	35		72		109
	36		73		110
	37		74		111

Technicals

Date _____ Time _____ Location _____

Home Team _____ Coach _____

1st Half Fouls: | | | | | | | | | Full Timeouts: | | |

2nd Half Fouls: | | | | | | | | | 30 Sec. Timeouts: | |

No.	Name	Fouls					1st	2nd	3rd	4th	OT	Tot
	Totals											

Notes

1		38		75	
2		39		76	
3		40		77	
4		41		78	
5		42		79	
6		43		80	
7		44		81	
8		45		82	
9		46		83	
10		47		84	
11		48		85	
12		49		86	
13		50		87	
14		51		88	
15		52		89	
16		53		90	
17		54		91	
18		55		92	
19		56		93	
20		57		94	
21		58		95	
22		59		96	
23		60		97	
24		61		98	
25		62		99	
26		63		100	
27		64		101	
28		65		102	
29		66		103	
30		67		104	
31		68		105	
32		69		106	
33		70		107	
34		71		108	
35		72		109	
36		73		110	
37		74		111	

Technicals

Referee _____   Scorer _____   Timekeeper _____

Away Team _____   Coach _____

1st Half Fouls: | | | | | | | | | | Full Timeouts: | | |

2nd Half Fouls: | | | | | | | | | 30 Sec. Timeouts: | |

No.	Name	Fouls	1st	2nd	3rd	4th	OT	Tot							
										1		38		75
										2		39		76
										3		40		77
										4		41		78
										5		42		79
										6		43		80
										7		44		81
										8		45		82
										9		46		83
										10		47		84
										11		48		85
										12		49		86
										13		50		87
										14		51		88
										15		52		89
										16		53		90
										17		54		91
										18		55		92
										19		56		93
										20		57		94
										21		58		95
										22		59		96
										23		60		97
										24		61		98
										25		62		99
										26		63		100
										27		64		101
										28		65		102
										29		66		103
										30		67		104
										31		68		105
										32		69		106
										33		70		107
Totals										34		71		108
										35		72		109
Notes										36		73		110
										37		74		111

Technicals

Date		Time		Location	

Home Team _____ Coach _____

1st Half Fouls: ☐☐☐☐☐☐☐☐☐☐ Full Timeouts: ☐☐☐

2nd Half Fouls: ☐☐☐☐☐☐☐☐☐☐ 30 Sec. Timeouts: ☐☐

No.	Name	Fouls	1st	2nd	3rd	4th	OT	Tot
	Totals							

Notes

1	38	75
2	39	76
3	40	77
4	41	78
5	42	79
6	43	80
7	44	81
8	45	82
9	46	83
10	47	84
11	48	85
12	49	86
13	50	87
14	51	88
15	52	89
16	53	90
17	54	91
18	55	92
19	56	93
20	57	94
21	58	95
22	59	96
23	60	97
24	61	98
25	62	99
26	63	100
27	64	101
28	65	102
29	66	103
30	67	104
31	68	105
32	69	106
33	70	107
34	71	108
35	72	109
36	73	110
37	74	111

Technicals

Referee _____	Scorer _____	Timekeeper _____

Away Team _____ Coach _____

1st Half Fouls: ☐☐☐☐☐☐☐☐☐☐   Full Timeouts: ☐☐☐

2nd Half Fouls: ☐☐☐☐☐☐☐☐☐☐   30 Sec. Timeouts: ☐☐

No.	Name	Fouls	1st	2nd	3rd	4th	OT	Tot
	Totals							

Notes

	1		38		75
	2		39		76
	3		40		77
	4		41		78
	5		42		79
	6		43		80
	7		44		81
	8		45		82
	9		46		83
	10		47		84
	11		48		85
	12		49		86
	13		50		87
	14		51		88
	15		52		89
	16		53		90
	17		54		91
	18		55		92
	19		56		93
	20		57		94
	21		58		95
	22		59		96
	23		60		97
	24		61		98
	25		62		99
	26		63		100
	27		64		101
	28		65		102
	29		66		103
	30		67		104
	31		68		105
	32		69		106
	33		70		107
	34		71		108
	35		72		109
	36		73		110
	37		74		111

Technicals

Date		Time		Location	

Home Team _____ Coach _____

1st Half Fouls: ⬚⬚⬚⬚⬚⬚⬚⬚⬚⬚ Full Timeouts: ⬚⬚⬚

2nd Half Fouls: ⬚⬚⬚⬚⬚⬚⬚⬚⬚⬚ 30 Sec. Timeouts: ⬚⬚

No.	Name	Fouls	1st	2nd	3rd	4th	OT	Tot
	Totals							

Notes

1		38		75
2		39		76
3		40		77
4		41		78
5		42		79
6		43		80
7		44		81
8		45		82
9		46		83
10		47		84
11		48		85
12		49		86
13		50		87
14		51		88
15		52		89
16		53		90
17		54		91
18		55		92
19		56		93
20		57		94
21		58		95
22		59		96
23		60		97
24		61		98
25		62		99
26		63		100
27		64		101
28		65		102
29		66		103
30		67		104
31		68		105
32		69		106
33		70		107
34		71		108
35		72		109
36		73		110
37		74		111

Technicals

Away Team _____ Coach _____

1st Half Fouls: | | | | | | | | | | |

2nd Half Fouls: | | | | | | | | | |

Full Timeouts: | | | |

30 Sec. Timeouts: | |

No.	Name	Fouls	1st	2nd	3rd	4th	OT	Tot
Totals								

Notes

1		38		75	
2		39		76	
3		40		77	
4		41		78	
5		42		79	
6		43		80	
7		44		81	
8		45		82	
9		46		83	
10		47		84	
11		48		85	
12		49		86	
13		50		87	
14		51		88	
15		52		89	
16		53		90	
17		54		91	
18		55		92	
19		56		93	
20		57		94	
21		58		95	
22		59		96	
23		60		97	
24		61		98	
25		62		99	
26		63		100	
27		64		101	
28		65		102	
29		66		103	
30		67		104	
31		68		105	
32		69		106	
33		70		107	
34		71		108	
35		72		109	
36		73		110	
37		74		111	

Technicals

Date _____ Time _____ Location _____

Home Team _____ Coach _____

1st Half Fouls: | | | | | | | | | | | Full Timeouts: | | | |

2nd Half Fouls: | | | | | | | | | | | 30 Sec. Timeouts: | | |

No.	Name	Fouls	1st	2nd	3rd	4th	OT	Tot
	Totals							

Notes

1		38		75	
2		39		76	
3		40		77	
4		41		78	
5		42		79	
6		43		80	
7		44		81	
8		45		82	
9		46		83	
10		47		84	
11		48		85	
12		49		86	
13		50		87	
14		51		88	
15		52		89	
16		53		90	
17		54		91	
18		55		92	
19		56		93	
20		57		94	
21		58		95	
22		59		96	
23		60		97	
24		61		98	
25		62		99	
26		63		100	
27		64		101	
28		65		102	
29		66		103	
30		67		104	
31		68		105	
32		69		106	
33		70		107	
34		71		108	
35		72		109	
36		73		110	
37		74		111	

Technicals

| Referee _____ | Scorer _____ | Timekeeper _____ |

Away Team _____ Coach _____

1st Half Fouls: | | | | | | | | | | Full Timeouts: | | | |

2nd Half Fouls: | | | | | | | | | | 30 Sec. Timeouts: | | |

No.	Name	Fouls					1st	2nd	3rd	4th	OT	Tot
	Totals											

1		38		75	
2		39		76	
3		40		77	
4		41		78	
5		42		79	
6		43		80	
7		44		81	
8		45		82	
9		46		83	
10		47		84	
11		48		85	
12		49		86	
13		50		87	
14		51		88	
15		52		89	
16		53		90	
17		54		91	
18		55		92	
19		56		93	
20		57		94	
21		58		95	
22		59		96	
23		60		97	
24		61		98	
25		62		99	
26		63		100	
27		64		101	
28		65		102	
29		66		103	
30		67		104	
31		68		105	
32		69		106	
33		70		107	
34		71		108	
35		72		109	
36		73		110	
37		74		111	

Notes

Technicals

Date		Time		Location	

Home Team _____ Coach _____

1st Half Fouls: ☐☐☐☐☐☐☐☐☐☐ Full Timeouts: ☐☐

2nd Half Fouls: ☐☐☐☐☐☐☐☐☐☐ 30 Sec. Timeouts: ☐

No.	Name	Fouls	1st	2nd	3rd	4th	OT	Tot
	Totals							

1		38		75	
2		39		76	
3		40		77	
4		41		78	
5		42		79	
6		43		80	
7		44		81	
8		45		82	
9		46		83	
10		47		84	
11		48		85	
12		49		86	
13		50		87	
14		51		88	
15		52		89	
16		53		90	
17		54		91	
18		55		92	
19		56		93	
20		57		94	
21		58		95	
22		59		96	
23		60		97	
24		61		98	
25		62		99	
26		63		100	
27		64		101	
28		65		102	
29		66		103	
30		67		104	
31		68		105	
32		69		106	
33		70		107	
34		71		108	
35		72		109	
36		73		110	
37		74		111	

Notes

Technicals

Referee _____ Scorer _____ Timekeeper _____

Away Team _____ Coach _____

1st Half Fouls: | | | | | | | | | | | Full Timeouts: | | | |

2nd Half Fouls: | | | | | | | | | | | 30 Sec. Timeouts: | | |

No.	Name	Fouls	1st	2nd	3rd	4th	OT	Tot						
										1		38		75
										2		39		76
										3		40		77
										4		41		78
										5		42		79
										6		43		80
										7		44		81
										8		45		82
										9		46		83
										10		47		84
										11		48		85
										12		49		86
										13		50		87
										14		51		88
										15		52		89
										16		53		90
										17		54		91
										18		55		92
										19		56		93
										20		57		94
										21		58		95
										22		59		96
										23		60		97
										24		61		98
										25		62		99
										26		63		100
										27		64		101
										28		65		102
										29		66		103
										30		67		104
										31		68		105
										32		69		106
										33		70		107
	Totals									34		71		108
										35		72		109
										36		73		110
										37		74		111

Notes

Technicals

Date		Time		Location		

Home Team _____ Coach _____

1st Half Fouls: ☐☐☐☐☐☐☐☐☐☐   Full Timeouts: ☐☐☐

2nd Half Fouls: ☐☐☐☐☐☐☐☐☐☐   30 Sec. Timeouts: ☐☐

No.	Name	Fouls	1st	2nd	3rd	4th	OT	Tot			
									1	38	75
									2	39	76
									3	40	77
									4	41	78
									5	42	79
									6	43	80
									7	44	81
									8	45	82
									9	46	83
									10	47	84
									11	48	85
									12	49	86
									13	50	87
									14	51	88
									15	52	89
									16	53	90
									17	54	91
									18	55	92
									19	56	93
									20	57	94
									21	58	95
									22	59	96
									23	60	97
									24	61	98
									25	62	99
									26	63	100
									27	64	101
									28	65	102
									29	66	103
									30	67	104
									31	68	105
									32	69	106
									33	70	107
Totals									34	71	108
									35	72	109
									36	73	110
									37	74	111

Notes

Technicals

Referee	Scorer	Timekeeper

Away Team _____ Coach _____

1st Half Fouls: | | | | | | | | | | | Full Timeouts: | | | |

2nd Half Fouls: | | | | | | | | | | | 30 Sec. Timeouts: | | |

No.	Name	Fouls	1st	2nd	3rd	4th	OT	Tot
	Totals							

Notes

1	38	75
2	39	76
3	40	77
4	41	78
5	42	79
6	43	80
7	44	81
8	45	82
9	46	83
10	47	84
11	48	85
12	49	86
13	50	87
14	51	88
15	52	89
16	53	90
17	54	91
18	55	92
19	56	93
20	57	94
21	58	95
22	59	96
23	60	97
24	61	98
25	62	99
26	63	100
27	64	101
28	65	102
29	66	103
30	67	104
31	68	105
32	69	106
33	70	107
34	71	108
35	72	109
36	73	110
37	74	111

Technicals

Date		Time		Location		

Home Team _____ Coach _____

1st Half Fouls: ☐☐☐☐☐☐☐☐☐☐ Full Timeouts: ☐☐☐

2nd Half Fouls: ☐☐☐☐☐☐☐☐☐☐ 30 Sec. Timeouts: ☐☐

No.	Name	Fouls					1st	2nd	3rd	4th	OT	Tot
	Totals											

1		38		75	
2		39		76	
3		40		77	
4		41		78	
5		42		79	
6		43		80	
7		44		81	
8		45		82	
9		46		83	
10		47		84	
11		48		85	
12		49		86	
13		50		87	
14		51		88	
15		52		89	
16		53		90	
17		54		91	
18		55		92	
19		56		93	
20		57		94	
21		58		95	
22		59		96	
23		60		97	
24		61		98	
25		62		99	
26		63		100	
27		64		101	
28		65		102	
29		66		103	
30		67		104	
31		68		105	
32		69		106	
33		70		107	
34		71		108	
35		72		109	
36		73		110	
37		74		111	

Technicals

Notes

Referee _____ Scorer _____ Timekeeper _____

Away Team _____ Coach _____

1st Half Fouls: | | | | | | | | | | |

2nd Half Fouls: | | | | | | | | | |

Full Timeouts: | | | |

30 Sec. Timeouts: | | |

No.	Name	Fouls					1st	2nd	3rd	4th	OT	Tot
	Totals											

Notes

1		38		75	
2		39		76	
3		40		77	
4		41		78	
5		42		79	
6		43		80	
7		44		81	
8		45		82	
9		46		83	
10		47		84	
11		48		85	
12		49		86	
13		50		87	
14		51		88	
15		52		89	
16		53		90	
17		54		91	
18		55		92	
19		56		93	
20		57		94	
21		58		95	
22		59		96	
23		60		97	
24		61		98	
25		62		99	
26		63		100	
27		64		101	
28		65		102	
29		66		103	
30		67		104	
31		68		105	
32		69		106	
33		70		107	
34		71		108	
35		72		109	
36		73		110	
37		74		111	

Technicals

Date		Time		Location	

Home Team _____ Coach _____

1st Half Fouls: ⬜⬜⬜⬜⬜⬜⬜⬜⬜⬜   Full Timeouts: ⬜⬜⬜

2nd Half Fouls: ⬜⬜⬜⬜⬜⬜⬜⬜⬜⬜   30 Sec. Timeouts: ⬜⬜

No.	Name	Fouls	1st	2nd	3rd	4th	OT	Tot
	Totals							

Notes

1		38		75
2		39		76
3		40		77
4		41		78
5		42		79
6		43		80
7		44		81
8		45		82
9		46		83
10		47		84
11		48		85
12		49		86
13		50		87
14		51		88
15		52		89
16		53		90
17		54		91
18		55		92
19		56		93
20		57		94
21		58		95
22		59		96
23		60		97
24		61		98
25		62		99
26		63		100
27		64		101
28		65		102
29		66		103
30		67		104
31		68		105
32		69		106
33		70		107
34		71		108
35		72		109
36		73		110
37		74		111

Technicals

Referee _____ Scorer _____ Timekeeper _____

Away Team _____ Coach _____

1st Half Fouls: ☐☐☐☐☐☐☐☐☐☐ Full Timeouts: ☐☐☐

2nd Half Fouls: ☐☐☐☐☐☐☐☐☐☐ 30 Sec. Timeouts: ☐☐

No.	Name	Fouls	1st	2nd	3rd	4th	OT	Tot
	Totals							

Notes

1		38		75	
2		39		76	
3		40		77	
4		41		78	
5		42		79	
6		43		80	
7		44		81	
8		45		82	
9		46		83	
10		47		84	
11		48		85	
12		49		86	
13		50		87	
14		51		88	
15		52		89	
16		53		90	
17		54		91	
18		55		92	
19		56		93	
20		57		94	
21		58		95	
22		59		96	
23		60		97	
24		61		98	
25		62		99	
26		63		100	
27		64		101	
28		65		102	
29		66		103	
30		67		104	
31		68		105	
32		69		106	
33		70		107	
34		71		108	
35		72		109	
36		73		110	
37		74		111	

Technicals

Date		Time		Location	

Home Team _____ Coach _____

1st Half Fouls: ⬚⬚⬚⬚⬚⬚⬚⬚⬚⬚ Full Timeouts: ⬚⬚⬚

2nd Half Fouls: ⬚⬚⬚⬚⬚⬚⬚⬚⬚⬚ 30 Sec. Timeouts: ⬚⬚

No.	Name	Fouls	1st	2nd	3rd	4th	OT	Tot
	Totals							

Notes

1		38		75	
2		39		76	
3		40		77	
4		41		78	
5		42		79	
6		43		80	
7		44		81	
8		45		82	
9		46		83	
10		47		84	
11		48		85	
12		49		86	
13		50		87	
14		51		88	
15		52		89	
16		53		90	
17		54		91	
18		55		92	
19		56		93	
20		57		94	
21		58		95	
22		59		96	
23		60		97	
24		61		98	
25		62		99	
26		63		100	
27		64		101	
28		65		102	
29		66		103	
30		67		104	
31		68		105	
32		69		106	
33		70		107	
34		71		108	
35		72		109	
36		73		110	
37		74		111	

Technicals

Referee _____ Scorer _____ Timekeeper _____

Away Team _____ Coach _____

1st Half Fouls: ☐☐☐☐☐☐☐☐☐☐ Full Timeouts: ☐☐☐

2nd Half Fouls: ☐☐☐☐☐☐☐☐☐☐ 30 Sec. Timeouts: ☐☐

No.	Name	Fouls	1st	2nd	3rd	4th	OT	Tot
	Totals							

Notes

1		38		75	
2		39		76	
3		40		77	
4		41		78	
5		42		79	
6		43		80	
7		44		81	
8		45		82	
9		46		83	
10		47		84	
11		48		85	
12		49		86	
13		50		87	
14		51		88	
15		52		89	
16		53		90	
17		54		91	
18		55		92	
19		56		93	
20		57		94	
21		58		95	
22		59		96	
23		60		97	
24		61		98	
25		62		99	
26		63		100	
27		64		101	
28		65		102	
29		66		103	
30		67		104	
31		68		105	
32		69		106	
33		70		107	
34		71		108	
35		72		109	
36		73		110	
37		74		111	

Technicals

Date _____ Time _____ Location _____

Home Team _____ Coach _____

1st Half Fouls: | | | | | | | | | | Full Timeouts: | | |

2nd Half Fouls: | | | | | | | | | | 30 Sec. Timeouts: | |

No.	Name	Fouls	1st	2nd	3rd	4th	OT	Tot
	Totals							

Notes

1		38		75
2		39		76
3		40		77
4		41		78
5		42		79
6		43		80
7		44		81
8		45		82
9		46		83
10		47		84
11		48		85
12		49		86
13		50		87
14		51		88
15		52		89
16		53		90
17		54		91
18		55		92
19		56		93
20		57		94
21		58		95
22		59		96
23		60		97
24		61		98
25		62		99
26		63		100
27		64		101
28		65		102
29		66		103
30		67		104
31		68		105
32		69		106
33		70		107
34		71		108
35		72		109
36		73		110
37		74		111

Technicals

Referee _____ Scorer _____ Timekeeper _____

Away Team _____ Coach _____

1st Half Fouls: ☐☐☐☐☐☐☐☐☐☐   Full Timeouts: ☐☐☐

2nd Half Fouls: ☐☐☐☐☐☐☐☐☐☐   30 Sec. Timeouts: ☐☐

No.	Name	Fouls					1st	2nd	3rd	4th	OT	Tot
	Totals											

Notes

	1		38		75
	2		39		76
	3		40		77
	4		41		78
	5		42		79
	6		43		80
	7		44		81
	8		45		82
	9		46		83
	10		47		84
	11		48		85
	12		49		86
	13		50		87
	14		51		88
	15		52		89
	16		53		90
	17		54		91
	18		55		92
	19		56		93
	20		57		94
	21		58		95
	22		59		96
	23		60		97
	24		61		98
	25		62		99
	26		63		100
	27		64		101
	28		65		102
	29		66		103
	30		67		104
	31		68		105
	32		69		106
	33		70		107
	34		71		108
	35		72		109
	36		73		110
	37		74		111

Technicals

Date		Time		Location	

Home Team _____ Coach _____

1st Half Fouls: ⬜⬜⬜⬜⬜⬜⬜⬜⬜⬜   Full Timeouts: ⬜⬜⬜

2nd Half Fouls: ⬜⬜⬜⬜⬜⬜⬜⬜⬜⬜   30 Sec. Timeouts: ⬜⬜

No.	Name	Fouls	1st	2nd	3rd	4th	OT	Tot					
									1		38		75
									2		39		76
									3		40		77
									4		41		78
									5		42		79
									6		43		80
									7		44		81
									8		45		82
									9		46		83
									10		47		84
									11		48		85
									12		49		86
									13		50		87
									14		51		88
									15		52		89
									16		53		90
									17		54		91
									18		55		92
									19		56		93
									20		57		94
									21		58		95
									22		59		96
									23		60		97
									24		61		98
									25		62		99
									26		63		100
									27		64		101
									28		65		102
									29		66		103
									30		67		104
									31		68		105
									32		69		106
									33		70		107
									34		71		108
									35		72		109
									36		73		110
Totals									37		74		111

Notes

Technicals

Referee _____ Scorer _____ Timekeeper _____

Away Team _____ Coach _____

1st Half Fouls: ☐☐☐☐☐☐☐☐☐☐   Full Timeouts: ☐☐

2nd Half Fouls: ☐☐☐☐☐☐☐☐☐☐   30 Sec. Timeouts: ☐

No.	Name	Fouls	1st	2nd	3rd	4th	OT	Tot
	Totals							

Notes

	1		38		75
	2		39		76
	3		40		77
	4		41		78
	5		42		79
	6		43		80
	7		44		81
	8		45		82
	9		46		83
	10		47		84
	11		48		85
	12		49		86
	13		50		87
	14		51		88
	15		52		89
	16		53		90
	17		54		91
	18		55		92
	19		56		93
	20		57		94
	21		58		95
	22		59		96
	23		60		97
	24		61		98
	25		62		99
	26		63		100
	27		64		101
	28		65		102
	29		66		103
	30		67		104
	31		68		105
	32		69		106
	33		70		107
	34		71		108
	35		72		109
	36		73		110
	37		74		111

Technicals

				Date			Time			Location		

Home Team _____ Coach _____

1st Half Fouls: ☐☐☐☐☐☐☐☐☐☐   Full Timeouts: ☐☐☐

2nd Half Fouls: ☐☐☐☐☐☐☐☐☐☐   30 Sec. Timeouts: ☐☐

No.	Name	Fouls	1st	2nd	3rd	4th	OT	Tot
	Totals							

Notes

1	38	75
2	39	76
3	40	77
4	41	78
5	42	79
6	43	80
7	44	81
8	45	82
9	46	83
10	47	84
11	48	85
12	49	86
13	50	87
14	51	88
15	52	89
16	53	90
17	54	91
18	55	92
19	56	93
20	57	94
21	58	95
22	59	96
23	60	97
24	61	98
25	62	99
26	63	100
27	64	101
28	65	102
29	66	103
30	67	104
31	68	105
32	69	106
33	70	107
34	71	108
35	72	109
36	73	110
37	74	111

Technicals

Referee _____ Scorer _____ Timekeeper _____

Away Team _____ Coach _____

1st Half Fouls: ☐☐☐☐☐☐☐☐☐☐ Full Timeouts: ☐☐☐

2nd Half Fouls: ☐☐☐☐☐☐☐☐☐☐ 30 Sec. Timeouts: ☐☐

No.	Name	Fouls	1st	2nd	3rd	4th	OT	Tot
	Totals							

Notes

1		38		75	
2		39		76	
3		40		77	
4		41		78	
5		42		79	
6		43		80	
7		44		81	
8		45		82	
9		46		83	
10		47		84	
11		48		85	
12		49		86	
13		50		87	
14		51		88	
15		52		89	
16		53		90	
17		54		91	
18		55		92	
19		56		93	
20		57		94	
21		58		95	
22		59		96	
23		60		97	
24		61		98	
25		62		99	
26		63		100	
27		64		101	
28		65		102	
29		66		103	
30		67		104	
31		68		105	
32		69		106	
33		70		107	
34		71		108	
35		72		109	
36		73		110	
37		74		111	

Technicals

Made in the USA
Las Vegas, NV
12 March 2022